© 2020 Carlsen Verlag GmbH, Völckersstraße 14–20, 22765 Hamburg

Texte: Miriam Cordes, Paula Dehmel, Günther Jakobs, Jette Kleeberg, Karen Krings, Lilli L'Arronge, Rüdiger Paulsen, Daniel Sohr, Katharina E. Volk, Ana Zabo | Illustrationen: Miriam Cordes, Carmen Eisendle, Cornelia Haas, Günther Jakobs, Karen Krings, Almud Kunert, Henning Löhlein, Julian Meyer, Daniel Sohr, Eva Spanjardt, Sabine Straub, Frauke Weldin | Umschlagillustration: Pe Grigo
Lektorat: Katharina Eisele | Herstellung: Derya Yildirim | Lithografie: Buss & Gatermann, Hamburg | ISBN 978-3-551-51848-4
www.carlsen.de

Die schöönsten Hasengeschichten

erzählt von Günther Jakobs,
Miriam Cordes, Paula Dehmel,
Rüdiger Paulsen und vielen anderen

Inhaltsverzeichnis

Die Hasensucherei

Erzählt und illustriert von Günther Jakobs

Küken Pieps und Max der Hase
haben Farbe an der Nase.
Beide Freunde sind dabei:
bei der Eierfärberei!

Und sie kommen gut voran.
Alles läuft bisher nach Plan.
Das ist toll! Mit jedem Ei
steigt der Spaß der zwei dabei.
Tief bis in die Nacht hinein
rackern sie bei Kerzenschein.
Pieps sagt: »Morgen früh kommst
du vorbei.
Allen bringen wir ein Ei.«

Heute ist schon Ostermorgen,
Pieps hingegen macht sich Sorgen.
Längst schon wollten beide gehn.
Doch Max, den kann er nirgends sehn.
»Hat mich Max etwa versetzt?
Ach du je, was mach ich jetzt?«

In der Werkstatt gibt es nur
Hammer, Zange, Draht und Schnur,
Zwingen, Nägel, Schrauben, Wachs.
Alles gibt's, nur keinen Max.

Küken Pieps sucht überall,
geht auch in den Hühnerstall.
»Habt ihr hier den Max gesehn?
Längst schon wollten wir losgehn.«

Auf der Wiese, hinterm Haus,
sieht es nicht nach Maxe aus.
Ist Max etwa noch daheim?
Schaun wir mal zur Tür hinein!

12

Da liegt Max in seinem Bett
und träumt von Osterei-Omelett.
Das findet Pieps nun gar nicht nett.

»Na warte, Max, du faules Tier!
Ich mach ein Osterei aus dir,
damit du nicht vergisst,
dass heute Ostern ist!«
Jetzt ist Max der Hase dran:
Pieps malt ihn rot und grün
und knallbunt an.

Osterhasenkinder

Eine Geschichte von Rüdiger Paulsen mit Bildern von Frauke Weldin

»Dürfen wir auch Ostereier verstecken?«, fragen die Hasenkinder Mummel, Mümmel und Löffelchen ihre Mama.
»Ihr seid noch zu klein«, sagt Mama Hase. »Hasenkinder müssen nachts schlafen. Vielleicht im nächsten Jahr.« Aber so lange wollen die drei nicht warten.

»Wir laufen zum Hühnerhof«, schlägt Löffelchen vor. »Die Hühner geben uns bestimmt ein paar Eier. Damit können wir schon mal üben.«
»Oh ja«, freuen sich Mummel und Mümmel. »Das wird toll.«

Auf einer Wiese begegnen ihnen riesige Ungeheuer mit schwarzen Flecken und Hörnern. Aus großen Augen glotzen sie die Hasenkinder an und machen: »Muuh!« Schnell huschen die Häschen vorbei.

Plötzlich versperrt ihnen ein Fluss den Weg. »Oje«, seufzt Mümmel, »hier kommen wir nicht rüber.«

»Hallo!«, ruft ein Biber, der gerade einen Baum annagt. »Geht ein Stückchen den Fluss entlang. Dann kommt ihr an meinen Damm und könnt auf die andere Seite laufen.«

Endlich erreichen sie den Hühnerhof. »Können wir ein paar Eier bekommen?«, fragen sie.

»Für Osterhasen seid ihr aber noch etwas klein«, gackert die Henne Albertina.

»Wir wollen üben«, sagt Löffelchen.

»Das ist eine gute Idee«, sagt die Henne und schenkt jedem ein Ei.
Stolz laufen sie zurück nach Hause. »Da seid ihr Schlingel ja«, sagt Mama Hase. »Ich habe euch schon gesucht.«
»Wir wollen Osterhase üben«, sagt Löffelchen. »Gibst du uns Pinsel und Farben?«

»Na gut«, sagt die Hasenmama. »Aber kleckert nicht alles voll, ich bin gerade mit dem Frühjahrsputz fertig.«

Schnell machen sich die drei Hasenkinder an die Arbeit. Sie können das
schon richtig gut. Am Ende sind sie
genauso quietschbunt wie die Eier.

»Jetzt müssen wir ein gutes Versteck
finden und Mama muss suchen«, sagt
Mümmel.

Mummel findet eine tolle Stelle unter einem Strauch. Die Häschen buddeln eine Kuhle, polstern sie mit weichem Gras aus und legen die Eier hinein. Das Nest ist gemütlich.

Die kleinen Hasen kuscheln sich neben die Eier und rufen: »Mama! Wir sind fertig. Du kannst Ostereier suchen!« »Ich komme gleich«, sagt Mama Hase, »ich hänge nur noch schnell die Wäsche auf.«

Mama Hase sucht im Gemüsebeet und zwischen den Kohlköpfen. Zuerst kann sie nichts entdecken, aber dann bemerkt sie viele kleine Hasenspuren, die zu dem Strauch führen. Sie biegt die Zweige auseinander und findet das Nest.

Zwischen den bunten Eiern liegen ihre Hasenkinder. Von der vielen Arbeit sind sie müde geworden und einge-schlafen. Mama Hase gibt jedem einen Kuss. »Das habt ihr gut gemacht«, sagt sie. »Wenn ihr groß seid, werdet ihr bestimmt richtig tolle Osterhasen.«

Ein Ohrwurm für die Eierfeier

Erzählt und illustriert von Karen Krings

Fleißig und flauschig, hübsch und schlau …
Kennst du diese Hasenfrau?
Hart gekocht, ob kalt oder heiß,
ein Osterei bleibt niemals weiß.
Schürze gelb und Nase pink,
mit Löffelohren extra flink.

Hart gekocht, ob kalt oder heiß,
ein Osterei bleibt niemals weiß.
Sie lenkt ihre Löffel sehr genau.
Das nächste Ei taucht gleich ins Blau!
Hart gekocht, ob kalt oder heiß,
ein Osterei bleibt niemals weiß.
Doch halt! Da hat sie sich geirrt
und staunt nicht schlecht und leicht verwirrt.
Hart gekocht, ob kalt oder heiß,
ein Osterei bleibt niemals weiß.
Sie stutzt und balanciert das Ei.
Ein Glas mit Blau ist nicht mehr frei!

Greta und Honey

Eine Geschichte von Ana Zabo mit Bildern von Henning Löhlein

Der Fußballclub Hasen-Mädchen hatte nur zwei Fans. Aber es waren die glühendsten Fans, die man sich vorstellen konnte. Sie hießen Greta und Honey. Beide träumten davon, dass ihre Hasen-Mädchen gegen die Getigerten Katzen gewinnen würden.

»Bloß wie? Die Katzen haben noch nie verloren«, meinte Greta.

»Und unsere Hasen-Mädchen haben noch nie gewonnen«, sagte Honey. Greta überlegte: »Vielleicht liegt es an uns.«

»Wieso?«, fragte Honey.

»Weil wir zu wenige sind«, sagte Greta. »Mehr Fans können mehr Mut machen. Es liegt immer an den Fans. Viele begeisterte Fans, und die Tore schießen sich wie von selbst.«

Das sah Honey sofort ein. Sie schlug vor, die alten Hasen zu überreden und sie mitzunehmen.

Doch die alten Hasen blieben lieber auf dem Feld und ernteten Möhren. Da zogen Greta und Honey allein

los. Sie hatten Tröten, Rasseln und Klappern dabei – sogar Töpfe mit Holzlöffeln. Sie wollten so laut wie viele Fans zusammen sein.

»Was ist denn das für ein Krach?«, fragte eine Ziege, die mit einer Maus und einer Möwe am Wegrand spielte. »Wir sind Fußballfans«, erklärte Honey. Greta erzählte, wohin sie unterwegs waren, und fragte die drei, ob sie nicht mitwollten.

»Krach machen will ich gerne und noch lieber will ich Katzen verlieren sehen!«, rief die Maus begeistert. »Wenn ihr wartet, hol ich noch ein paar Freundinnen.«

»Klar. Fans halten zusammen und warten aufeinander«, sagten Greta und Honey.
»Zusammenhalten? Das gefällt mir«, mischte sich die Ziege ein. Sie wollte auch mit.

Als die Maus schließlich zurückkam, waren sie schon mehr Fans geworden. Vor allem Mäuse.
Beim Fußballplatz angekommen, sahen sie, dass das Spiel bereits begonnen hatte. Die Getigerten Katzen hatten

schon drei Tore, die Hasen-Mädchen
keins. Da sprangen die Fans auf die
Bänke. Sie tröteten, trommelten, pfiffen
und klapperten.
Die Hasen-Mädchen aber freuten sich

so sehr über ihre vielen Fans, dass sie
alles andere vergaßen. Zum Glück
passten Greta und Honey auf. »Vor-
sicht«, riefen sie, »der Ball!«
Da ging das Spiel weiter. Hasen-Spiele-

rin Nummer 3 schnappte sich den Ball und gab ab an die Nummer 5. Nummer 5 spielte zur Nummer 7. Die aber war schon umringt von Getigerten Katzen. »Gib mir den Ball«, zischte eine. »Oder mir«, lockte die andere. Greta und Honey sahen, dass jetzt nur noch eines helfen konnte: »Zu uns!«, riefen sie. Und tatsächlich: Das Hasen-Mädchen kickte den Ball mitten in die Zuschauermenge.

»Wahnsinn!«, kreischten Greta und

Honey. Die Mäuse nahmen den Ball
an und passten ihn zur Ziege. Die gab
durch eine geschickte Halsbeugung
an die Möwe ab. Die Möwe wiederum
spielte einen Schnabel-Pass zu Honey.
Honey köpfte zu Greta. Und Greta
pfefferte den Ball direkt ins gegnerische
Tor.

»Tooor!«, jubelten sie.
Niemand beachtete, dass die Schieds-
richterin mit den Armen wedelte: »Das
gilt nicht! Fans dürfen nicht mitspie-
len!«, rief sie empört.
Greta fand das ungerecht. Honey und
die anderen auch. Doch jetzt holten die
Hasen-Mädchen auf. »Ja!«, jauchzten
ihre Fans.

»O nein!«, jammerten die Katzen. Aber die Hasen-Mädchen waren nicht mehr zu bremsen, seit sie das tolle Spiel ihrer Fans gesehen hatten. Als der Schlusspfiff ertönte, hatten sie mit 12:9 Toren gewonnen. Und dann wurden die Hasen-Mädchen – und ihre Fans – geehrt. Die Möwe, die Ziege, die Mäuse und allen voran Greta und Honey.

Spedition Hasenbein

Eine Geschichte von Rüdiger Paulsen mit Bildern von Carmen Eisendle

Das Hasental liegt versteckt zwischen mächtigen Bergen. Die Gipfel ragen so hoch in den Himmel, dass sie selbst im Sommer noch mit Schnee bedeckt sind. Nur wenige Reisende finden den Weg hierher und die Hasen können ungestört arbeiten. Das ganze Jahr über bereiten sie sich auf das große Osterfest vor.

Im Hasental gibt es einen Hühnerhof, eine Schokoladenfabrik, eine Werkstatt für Geschenk- und Glitzerpapier, eine Osternest-Flechterei, eine Eiermal-Werkstatt und natürlich die Spedition Hasenbein.

Archibald Hasenbein ist der Chef. »Soll es schnell und pünktlich sein – Eier nur von Hasenbein!« Das ist sein Motto und jeder weiß, dass man sich auf Archibald verlassen kann. Mit großen

Wagen, die von vier Hasen gezogen werden, liefert Archibald Hasenbein Ostereier in viele Länder. In diesem Jahr gibt es eine Bestellung von der Osterinsel.

»Wo ist die denn?«, fragen sich die Hasen.

Archibald holt seinen Atlas und schaut nach. »Im Südpazifik! An Australien vorbei und dann immer geradeaus.« »Das ist ein langer Weg«, erklärt Archibald seinen Hasenfreunden. »Nur noch drei Wochen bis Ostern. Wir müssen uns beeilen!« Er lädt hundert Schokoladeneier, fünfzig Osternester und viele bunt bemalte Hühnereier auf den Wagen. Dann geht es los.

Bald erreichen sie das Meer.

»Jetzt brauchen wir ein Schiff«, überlegt Archibald. Aber der Hafen ist leer. Alle Schiffe sind ausgelaufen.

»Wir machen unseren Wagen seefest«, beschließt Archibald. »Und dann setzen wir einen Mast mit Segel darauf. Wenn wir alle etwas zusammenrücken, sollte es gehen.«

Archibalds Plan klappt hervorragend.

Es weht eine frische Brise und sie kommen schnell vorwärts.
Aber dann ziehen schwarze Wolken auf. »Alles gut festzurren!«, ruft der Hasenkapitän. »Wir kommen in ein Unwetter!« Das kleine Schiff hüpft auf den Wellen wie eine Nussschale. Regen peitscht den Hasen ins Gesicht und die Ohren flattern wild im Wind.
Einen ganzen Tag dauert der Sturm. Dann verschwindet er genauso plötzlich, wie er gekommen ist. Die Sonne

taucht wieder auf und trocknet die nassen Hasenfelle. Archibald schaut in seinen Atlas. »Weit kann es nicht mehr sein«, murmelt er.

»Land in Sicht!«, ruft plötzlich der Hase aus dem Ausguck. Und tatsächlich: Am Horizont erkennt man einen dunklen Streifen. Das muss die Osterinsel sein. Endlich!

Die Bewohner haben sich am Ufer versammelt und jubeln der Hasenmannschaft zu.

»Schön, dass ihr gekommen seid«, sagt eine alte Schildkröte. »Unsere Insel heißt zwar Osterinsel, aber leider gibt es hier keine Osterhasen.«

»Heute Nacht, wenn ihr alle schlaft, verstecken wir unsere Schätze für euch und morgen dürft ihr suchen«, sagt Archibald.

Am Ostermorgen hört man überall auf der Insel freudiges, aufgeregtes Rufen. Alle bewundern die Ostereier und bedanken sich bei den fleißigen Hasen. Archibald verkündet stolz: »Soll es schnell und pünktlich sein – Eier nur von Hasenbein!«
Am nächsten Morgen macht sich die Hasenmannschaft auf den Rückweg. »Bis zum nächsten Jahr«, rufen die Inselbewohner.

»Ganz bestimmt«, ruft Archibald zurück, »dann bleiben wir aber etwas länger und machen noch einen schönen Urlaub.«

Die mutige Osterhäsin

Eine Geschichte von Katharina E. Volk mit Bildern von Sabine Straub

Ida stellte sich auf die Zehenspitzen und schnupperte. Sie konnte den Frühling riechen! Ida freute sich auf Ostern und erfand ein kleines Lied:

»Weiche Weidenkätzchen sind meine Osterschätzchen, und jeder gelbe Krokus kriegt einen Hasenkuss!« Dann lief Ida zum Wiesenhang. Unter einer Birke entdeckte sie ihre Brüder Ole und Leo. »Ich bin dieses Jahr der Osterhase!«, hörte sie Ole rufen. »Nein, ich!«, schrie Leo und stampfte mit der Pfote auf. »Ich wäre ein viel besserer Osterhase als du!«, schrie Ole wütend.

»Wärst du gar nicht!«, brüllte Leo. Ida hielt sich die Ohren zu. »Hört auf zu streiten!«, rief sie. »Da kann man sich ja gar nicht mehr richtig auf Ostern freuen!«

Aber Ole und Leo hörten nicht auf Ida. Sie stritten einfach weiter und fingen an zu rangeln. Dann passierte es: Beide stolperten und kugelten den Abhang hinunter. Wie ein großes Osterei kullerten sie schneller und schneller abwärts. »Anhalten!«, schrie Leo.

»Aua!«, brüllte Ole und am Fuße des Wiesenhangs blieben sie im Gras liegen.

»Auweia«, murmelte Ida.
Ole und Leo hatten sich die Pfoten
verstaucht. Ida brachte ihren
Brüdern Kakao. »Jetzt werde ich eben
die Osterhäsin sein!«, seufzte sie.

»Daf geht niff«, lispelte Leo. Ihm war
beim Sturz auch noch ein Hasenzahn
abgebrochen. »Stimmt«, sagte Ole.
»Warum denn nicht?«, wunderte sich
Ida.

»Dapfu muff man grof und ftark fein«,
sagte Leo, »fo wie wir.«

»Genau«, sagte Ole. »So ein Osterkorb
ist schwer und wir haben wochenlang
trainiert.«

»Ftimmt«, nickte Leo. »Daf ift pfu pfwer
für dich.«

Als es Abend wurde, kletterte Ida auf
einen Hügel der Lichtung. Der Mond
stand schon goldgelb am Himmel.
Musste das Osterfest jetzt etwa ausfallen? Was sollten denn die Kinder
denken, wenn sie in diesem Jahr keine
Ostereier fanden? Nein, Ostern konnte
nicht ausfallen, so viel war sicher. Ida
schaute in den funkelnden Sternen-
himmel.

»Ich werde die Osterhäsin sein«, murmelte sie. »Und ich werde es schaffen!« Schon sprang Ida auf. Es gab viel zu tun! Und während Ole und Leo leise schnarchten, hoppelte das Hasenmädchen zum Werkstattschuppen. Sie sortierte die Farben und Pinsel und bereitete alles vor. Am nächsten Morgen stand Ida früh auf. Bevor sie sich auf den Weg machte, schrieb sie einen Zettel für Ole und Leo:

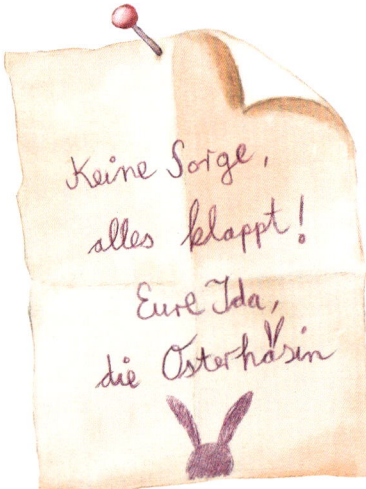

Keine Sorge,
alles klappt!
Eure Ida,
die Osterhäsin

Sie kochte im Werkstattschuppen gerade frische Eier, als Kiki die Kohlmeise auf dem Fensterbrett landete. Ida erzählte Kiki, was passiert war. Kiki schlug aufgeregt mit den Flügeln. »Und jetzt bist du die Osterhäsin!«, staunte sie. Kiki flog weiter und Ida mischte fröhlich ihre Farben. Plötzlich klopfte es. Idas Freundinnen standen vor der Tür!

»Kiki hat uns alles erzählt!«, rief das Eichhörnchen Emmi aufgeregt.

»Wir wollten schauen, ob du zurecht-
kommst«, sagte die Feldmaus Mimi.
»Ganz genau«, meinte die Igelin Mat-
hilde und sah sich in der Werkstatt um.
»Wir wollen dir nämlich helfen«, sagte
Emmi stolz, »schließlich bist du die
Osterhäsin!«
»Wie toll!«, freute sich Ida und verteilte
sogleich Pinsel und Farben an ihre
Freundinnen.

Die Ostereier wurden bunt wie Früh-
lingsblumen! Ida färbte sie rosa wie die
Tulpen auf der Wiese.
»Ich male kleine Nüsse auf die Oster-
eier!«, rief Emmi. Mimi malte rosa
Mäuseschwänzchenschnörkel.
»Das werden schöne Ostereier«, mur-
melte Mathilde zufrieden.

Es war schon dunkel geworden, als endlich alles fertig war. In dieser Nacht schliefen die Freundinnen in der Werkstatt. Mathilde aber übernachtete draußen vor der Tür und zeigte ihre Stacheln. Denn einen Eierdieb konnte jetzt niemand gebrauchen.

Am frühen Morgen erwachte Ida und sprang auf. »Mimi! Emmi! Mathilde!«, rief sie. »Wir haben verschlafen! Helft ihr mir auch beim Verstecken der Eier?«
»Klar!«, sagten die drei Freundinnen begeistert.

Für Emmi packte Ida einen Osterei-er-Rucksack, mit dem sie von Baum zu Baum springen konnte. Mimi bekam ein Wägelchen und Mathilde klemmte lauter Eier zwischen ihre Stacheln. Ida teilte genau ein, welche Osternester sie füllen sollten. Dann packte Ida noch Eier in ihr eigenes Körbchen. Kurz vor Sonnenaufgang machten die Freundin-nen sich auf den Weg.
Am Nachmittag trafen sich alle bei Ole und Leo. Ida strahlte. Sie hatte

es geschafft! Jeder würde ein gefülltes Osternest finden! Wirklich jeder?
»Auweia!«, rief Ida. »Ich habe das gelbe Haus vergessen!«
»Ha«, sagte Ole, »zum Glück geht es mir schon besser. Nur wer den blitzschnellen Eier-Versteck-Lauf geübt hat, kann das jetzt noch schaffen.« Dann flitzte er auch schon los. Wer an diesem Ostertag über die Waldlichtung spazierte, konnte dort die Hasen Ostern feiern sehen. Eine Feldmaus, ein Igelmädchen, eine Kohlmeise und ein Eichhörnchen waren auch dabei. Sie futterten Osterkuchen, lachten und tanzten um die Hasenhängematte.

Has, Has, Osterhas

Ein Gedicht von Paula Dehmel mit Bildern von Almud Kunert

Has, Has, Osterhas,
wir möchten nicht mehr warten.
Der Krokus und das Tausendschön,
Vergissmeinnicht und Tulpen stehn
schon lang in unserm Garten.

Has, Has, Osterhas
mit deinen bunten Eiern!
Der Star lugt aus dem Kasten raus.
Blühkätzchen sitzen um sein Haus.
Wann kommst du Frühling feiern?

Has, Has, Osterhas,
ich wünsche mir das Beste:
ein großes Ei, ein kleines Ei,
dazu ein lustig Didldumdei.
Und alles in dem Neste.

Das große Ostereier-Angeln

Eine Geschichte von Katharina E. Volk mit Bildern von Julian Meyer

Osterhase Fredo liegt gemütlich auf dem Hasensofa und träumt vor sich hin. Manchmal vergisst er dabei die ganze Welt um sich herum. »Weißt du, dass mal jemand eine Rakete gebaut hat, die Ostereier ins Weltall geschossen hat?«, erzählt er seiner Schwester Frida.

Frida lacht. »Nein, das wusste ich nicht. Übrigens will ich auch etwas bauen ...«

Im Schuppen schnappt Frida sich den

Werkzeugkasten. Sie hat Treibholz am Ufer des Flusses gefunden und will sich daraus ein Floß bauen. Fröhlich pfeifend macht Frida sich ans Werk. Bis zum Abend ist das Floß fertig. Es ist richtig gut geworden!

Als Frida heimkommt, schaut Fredo verträumt an die Decke. »Stell dir vor«, murmelt er, »es würde mal jemand Ostereier erfinden, die selber laufen könnten! Dann könnten sie ganz allein ihren Weg zum richtigen Osternest finden.«

»Witzige Idee«, kichert Frida. »Deine Ostereier können aber noch nicht selber laufen, oder? Du musst sie noch färben und dann mit dem Fahrrad ins Dorf bringen.«

»Jaja, ich weiß«, antwortet Fredo.
Am nächsten Tag sitzt Fredo mit seinem Lieblingsbuch vor der Hütte. »Hör
mal!«, kichert er und liest vor:

»Ein Ei nicht nur für mich allein,
ein Ei auch für mein süßes Schwein!
Denn Ostern feiern mein Schwein und ich.
Wir sitzen im Schlamm ganz feierlich.«

Frida muss grinsen. Aber dann mahnt
sie: »Fredo, denk an die Eier! In zwei
Tagen ist Ostern.«

Fredo nickt und am nächsten Tag sitzt
er tatsächlich in der Küche und malt
Eier an. Doch ab und zu liest er lieber
in seinem Buch.
Frida fährt währenddessen mit ihrem
Floß flussabwärts. Bald sieht sie das
Dorf und den Markt, wo die Leute
Frühlingssträuße kaufen. Alle freuen

sich auf Ostern. Am Ostersonntag treffen sich die Dorfbewohner immer zum Eiersuchen auf der Wiese beim Fluss. Als Frida zum Abendessen nach Hause kommt, ist Fredo am Küchentisch eingeschlafen. Sie legt ihm eine Decke über die Schultern und färbt die Eier, die er nicht mehr geschafft hat. Zufrieden klettert Frida ins Bett. Sobald morgen alle Eier ausgeliefert sind, wird sie Fredo zu einer Floßfahrt einladen. Doch am frühen Ostersonntag stürmt Fredo in Fridas Zimmer.

»Frida!«, ruft er. »Wach auf!« Fredos Haare stehen zu Berge und seine Hasenohren zittern aufgeregt. »Das Fahrrad hat einen Platten!«, jammert er. »Und was noch viel schlimmer ist: Der Holzboden vom Anhänger ist morsch geworden und zerbrochen.

Kein Fahrrad, kein Anhänger, kein Ostern!«, ruft Fredo verzweifelt.

»Unsinn«, sagt Frida. »Ostern fällt doch nie aus.«

»Aber wir können doch keine Eier ausliefern! Was machen wir bloß?«, jammert Fredo.

»Eine Lösung finden«, sagt Frida und

hat schon eine Idee. Mit großen Buchstaben schreibt sie etwas auf einen Malblock. Rasch erklärt sie Fredo ihren Oster-Rettungsplan.

Der Osterhase strahlt. Seine Schwester ist einfach hasenschlau!

Fredo düst mit dem Malblock ins Dorf. Derweil stopft Frida so viele Eierkörbchen wie möglich in ihren Rucksack. Sie rennt damit zum Fluss, packt die Körbchen aufs Floß, rennt zurück zum

HEUTE GROSSES OSTEREIER-ANGELN AM FLUSS! LIEBE GRÜSSE EUER OSTERHASE

Haus und wieder zum Fluss. Frida rennt noch einmal und noch einmal. Am Ende sind alle Körbchen auf dem Floß verstaut.

Als Fredo mit fliegenden Ohren zurückkommt, fahren die beiden mit dem Floß los.

Inzwischen strömen die Leute auf der Wiese zusammen.

»Die Ostereier sind heute aber gut versteckt«, sagen sie. »Man kann sie gar nicht finden!« Da entdecken sie ein Plakat. Nicht weit entfernt setzen Fredo und Frida die Osterkörbchen vorsichtig aufs Wasser.

Lachend angeln die Leute mit Besenstielen und Skistöcken ihre Körbchen aus dem Fluss. »Frohe Ostern!«, rufen sie. »Welche verrückten Ideen hat der Osterhase wohl im nächsten Jahr?« »Mal sehen, was uns einfällt«, kichert Frida. Bis zum nächsten Frühjahr ist noch viel Zeit – zum Lesen, Träumen und Erfinden.

Ein großer Tag für Hase und Huhn

Erzählt und illustriert von Miriam Cordes

Obwohl es noch ganz dunkel ist, kann Hase nicht mehr schlafen. Denn heute gibt es viel zu tun: Heute ist nämlich Ostern. Da darf Hase keine Zeit verlieren. Geschwind hüpft er aus seinem Bett. Er schlüpft in seinen Bademantel, greift nach seinem Korb und knipst die Taschenlampe an. Dann eilt Hase hinüber zum Hühnerstall. Dort will er Eier holen.

Leise öffnet er die Stalltür. Er will die schlafenden Hühner nicht erschrecken. Doch Huhn ist bereits wach. »Guten Morgen, Hase«, sagt es munter. »Ich bin bereit!«

»Guten Morgen, Huhn«, flüstert Hase überrascht. »Aber was soll das? Wieso bist du schon wach? Und was meinst du mit ›bereit‹?«

»Ich komme mit!«, sagt Huhn bestimmt. »Ich will dich heute begleiten!«

Hase ist verwirrt. »Aber das geht doch

nicht«, sagt er. »Du bist doch gar kein Osterhase.«

Huhn denkt kurz nach. »Dann bin ich eben ein Osterhuhn«, sagt es. »Und ich kann dir helfen. Eier habe ich schon gesammelt.« Es zeigt auf seinen Rucksack.

»Ich weiß nicht«, sagt Hase zweifelnd. Aber für langes Nachdenken hat er heute keine Zeit. »Also gut, einverstanden«, willigt er ein. »Wir gehen zusammen. Jetzt aber schnell!«

Hase läuft eilig voraus. Huhn flattert aufgeregt hinterher.

»Wo geht es denn hin?«, fragt es gespannt.

»In die Werkstatt!«, antwortet Hase. »Hier entlang!«

Ganz aus der Puste kommen sie an.
»Schnell an die Arbeit!«, schnauft Hase
und setzt einen Topf mit Wasser auf.
Darin kocht er die Eier. Huhn schaut
sich neugierig um.
»Du kannst schon mal die Farben
mischen«, sagt Hase ungeduldig. »Dann
malen wir die Eier an. Such dir einen
Pinsel aus.«
»Ich brauche keinen Pinsel!«, sagt
Huhn. Vergnügt beginnt es zu malen.
Hase staunt.

»Du kannst aber schön malen!«, sagt er
bewundernd. »Das sind die schönsten
Eier, die ich je gesehen habe!«
»Wirklich?«, fragt Huhn und wird vor
Freude ein kleines bisschen rot.
»Wirklich!«, lächelt Hase.

Dann taucht er seine Pfote in einen Farbtopf. Ohne Pinsel malen macht Spaß!
Bald sind alle Eier fertig angemalt. Hase ist sehr zufrieden.
»Solange die Farben trocknen, können wir frühstücken«, sagt er. »Schließlich haben wir noch viel zu tun!«
»Gerne«, sagt Huhn.
Hase holt ein Stück Möhrenkuchen und krümelt Huhn ein wenig vor den Schnabel.

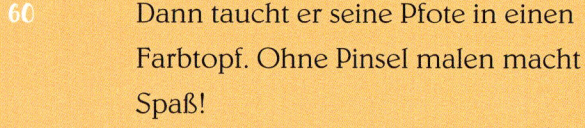

»Köstlich!«, sagt Huhn kauend. »Das ist der beste Kuchen, den ich je gepickt habe.«

»Wirklich?«, mümmelt Hase und wird vor Freude ein kleines bisschen rot.

»Wirklich!«, lächelt Huhn. Und nimmt sich noch ein kleines Stückchen nach. Als sie aufgegessen haben, sind auch die Farben getrocknet.

»Und jetzt zeige ich dir, wie man Ostereier versteckt«, sagt Hase.

»Wie aufregend!«, gackert Huhn und springt begeistert auf. Sie packen die Eier vorsichtig in ihre Rucksäcke. Und schon geht es los! »Überall, wo Kinder wohnen, verstecken wir Eier«, erklärt Hase geschäftig. »Vor jedem Haus und in jedem Garten. Hier am Zaun ist ein guter Platz … und hier an dem Busch … und bei den Blumen …«

»Ich verstehe«, sagt Huhn aufgeregt und zeigt hierhin und dorthin. »Da oben auf der Fensterbank ist auch ein guter Platz! Und in dem Astloch da drüben! Und auf der Schaukel und hinter dem Schuppen und unter der Schubkarre … und …«

»Aber da komme ich überall nicht ran«, sagt Hase ratlos.

»Ich helfe mit«, sagt Huhn. »Zusammen schaffen wir das!«

Da hat Huhn wirklich recht, das muss Hase zugeben.

»Das sind die besten Verstecke, die ich je gesehen habe«, sagt Hase glücklich und außer Atem. »Das wird den Kindern gefallen!«

Er ist sehr froh. Aber nun auch sehr
erschöpft. »Ich glaube, wir haben
genug Eier versteckt«, gähnt Hase. »Wir
können uns beruhigt auf den Heimweg
machen.«
»Einverstanden!«, sagt Huhn.

Müde und zufrieden gehen sie Seite an
Seite zurück nach Hause.
»Eine Idee habe ich noch«, sagt Huhn,
als sie vor Hases Bau angekommen
sind. »Mit den restlichen Eiern. Aber du
darfst erst gucken, wenn ich es sage!«

Eifrig flattert es den alten Apfelbaum
hinauf. Hase ist erstaunt. Was hat Huhn
wohl nun noch vor?
»Fertig!«, ruft Huhn. »Schau mal!«
Hase macht die Augen auf. Und sieht
etwas Wunderbares: »Ein Osterbaum!«,

haucht er ergriffen. »Wie wunderschön.
Besser als jeder Weihnachtsbaum! Das
hast du wirklich fein gemacht, liebes
Huhn.« Glücklich begleitet er Huhn
zurück zum Hühnerstall.

»Danke für alles«, sagt Hase feierlich
zum Abschied und reicht Huhn seine
Pfote. »Du bist das beste Osterhuhn,
das ich je gesehen habe.« Er kramt in
seinem Rucksack. »Und ich habe auch
noch etwas für dich …«

»Ich auch!«, sagt Huhn gerührt. »Ich
habe auch noch etwas für dich …«

»Frohe Ostern, Osterhase!«

»Frohe Ostern, Osterhuhn!«

Olli Hase und der kleine Osterdrache

Eine Geschichte von Jette Kleeberg mit Bildern von Eva Spanjardt

Der Schnee zerschmilzt, es ist so weit:
Wieder naht die Osterzeit!
Ganz wichtig ist am Osterfest
ein guter Platz für jedes Nest.
Olli sucht in Strauch und Hecken
schon heut nach besten Nestverstecken.

Doch, hoppla! Olli schaut erschrocken:
Da liegt was in den Osterglocken!
Der Olli kratzt sich beide Ohren.
Wer hat dies Riesenei verloren?

Da kracht es laut, der Olli hüpft:
Schau, wer aus dem Ei ausschlüpft!
Zwei kleine Flügel, Kopf und Bauch
und einen Schwanz, den hat er auch.

Olli ruft: »Ganz klare Sache!
Du bist bestimmt ein Osterdrache!
Sag, trägst du gerne Eier aus?«
Der Drache nickt. »Komm mit nach Haus!«

Doch in der Osterwerkstatt – klatsch! –
macht aus Verseh'n er Eiermatsch.
Vor Schreck spuckt Ollis Ungeheuer
ein kleines bisschen Drachenfeuer.
Entsetzt ruft Mama Hase aus:
»Bring schnell den Drachen aus dem Haus!«

Im Freien steht schon riesengroß
der Osterfeuerbrennholzstoß.
Im Busch verstecken sich geschwind
der Drache und das Hasenkind.

Da dringt an Ollis feine Ohren:
»Das Osterfest ist futsch, verloren …
Ohne Feuer keine Feier –
und kein Kind kriegt Ostereier.«
Empört springt Olli auf. »Herr Meier,
warum gibt's keine Osterfeier?«

Bürgermeister Meier klagt:
»Es war der Fuchs, wenn man mich fragt.
Er hat die Sache ausgeheckt
und alle Zündhölzer versteckt!«
»Aha«, sagt Olli, »ich versteh.
Ich hab die rettende Idee!«

Die Sonne geht nun langsam unter,
doch alle Hasen sind noch munter.
Sie steh'n und warten ganz gespannt
aufs Osterfeuer Hand in Hand.
Herr Meier fragt sich: »Wie und wann
macht Olli denn das Feuer an?«

Da schreit ein Hase: »Ei der Daus!
Ein echter Drache! Welch ein Graus!«
Die Hasen kriegen einen Schreck.
»Halt!«, ruft Olli. »Rennt nicht weg!
Der Drache hier, so viel steht fest,
der rettet unser Osterfest.«
Schon pustet Ollis Ungeheuer
ein lodernd heißes Osterfeuer.

Im Nu brennt Reisig und brennt Holz.
Olli drückt den Freund ganz stolz!
Und alle Osterhasen lachen.
»Ein Hoch dem Osterfeuerdrachen!«

Der größte Schokoladenhase

Erzählt und illustriert von Daniel Sohr

»Dann hüpf mal raus, mein Lieber!«,
sagt Direktor Löffel fröhlich und öffnet
die Autotür. Er ist Chef der größten
Schokoladenfabrik im Hasenland und
Löffels Schokoladenhasen sind welt-
berühmt. Heute darf sein Sohn Kalle
mit zur Arbeit, weil der Kindergarten
geschlossen hat.

»Schokolade!«, jubelt Kalle.
Die Fabrikhalle ist riesig. Es zischt,
stampft und rattert. Und es duftet!
Denn hier werden die Schokoladeneier und Schokoladenhasen gemacht,
in allen Größen und Geschmacks-
richtungen.

Da kommt Frau Heidemann, die
Sekretärin, angerannt. »Herr Direktor,
Telefon! Der Schokoladenminister ist
am Apparat!« Sofort eilt Direktor Löffel
ins Büro. So ist das nun mal: Der Chef
der größten Schokoladeneierfabrik hat
immer viel zu tun!
Und was macht Kalle? Ob ich hier
einen leckeren Schokoladenhasen
kriege?, überlegt sich Kalle und hoppelt
durch die nächste Tür.

Komisch – hier werden Bilder gemalt.
»Habt ihr gerade Pause?«, fragt Kalle.
Die Hasen lachen.

»Nein, nein!«, antwortet einer. »Wir sind
Designer. Wir denken uns die neuen
Eier und Schokoladenhasen aus.«
Kalle malt einen Hasen auf eine große
Tafel und hoppelt wieder raus.
Vor der Verpackungsmaschine bleibt
Kalle neugierig stehen. Da sind sie, die
Schokoladenhasen! Sie ruckeln über
ein langes Fließband und von allen
Seiten kommen Arme und Greifer mit
Glitzerpapier und wickeln sie ein. Es
klackert und raschelt.

»Das sieht ganz einfach aus. Ob das auch mit Hasi klappt?«, fragt sich Kalle und stellt seinen Stoffhasen aufs Band. Es klappt, sieht aber komisch aus. Und die Maschine ist durcheinandergeraten.

Oje! Die Glitzerpapiere werden jetzt falsch gewickelt. Schnell weg, bevor der Arbeiter am Fließband etwas bemerkt!

Kalles Papa kommt um eine Ecke gebogen. »Da bist du ja«, sagt er und streichelt Kalle über die Ohren. Sie stehen neben einer Maschine mit besonders vielen Knöpfen. Darauf sind bunte Bilder von allen möglichen Köstlichkeiten. »An der Maschine darfst du nicht rumspielen! Hier werden die verschiedenen Zutaten in die Schokolade gemischt«, erklärt er.

»Chef, wir haben ein Problem mit der Verpackungsmaschine!«, ruft ein Arbeiter. »Können Sie mal schauen?« Und schon ist Direktor Löffel wieder weg.

Ich möchte ja nicht spielen, ich möchte sie nur ausprobieren, denkt Kalle und drückt ein paar Knöpfe. Alles, was ihm schmeckt: Zitrone, Pistazie, Sahne, Himbeere, Erdbeere und Haselnuss. Nichts passiert. Schade.

Und wo ist jetzt die Schokolade?, denkt Kalle. Er entdeckt eine große Leiter und klettert hinauf. Ah, das ist der große Schokoladentrog voll duftender flüssiger Schokolade! Ein bisschen probieren wird erlaubt sein, überlegt sich Kalle. Er beugt sich tief hinunter und tunkt seinen Finger hinein.

Aber plötzlich verliert Kalle den Halt und fällt – platsch! – in die Schokolade. »Hase im Trog!«, ruft jemand. Schon kommen zwei Arbeiter und ziehen ihn raus.

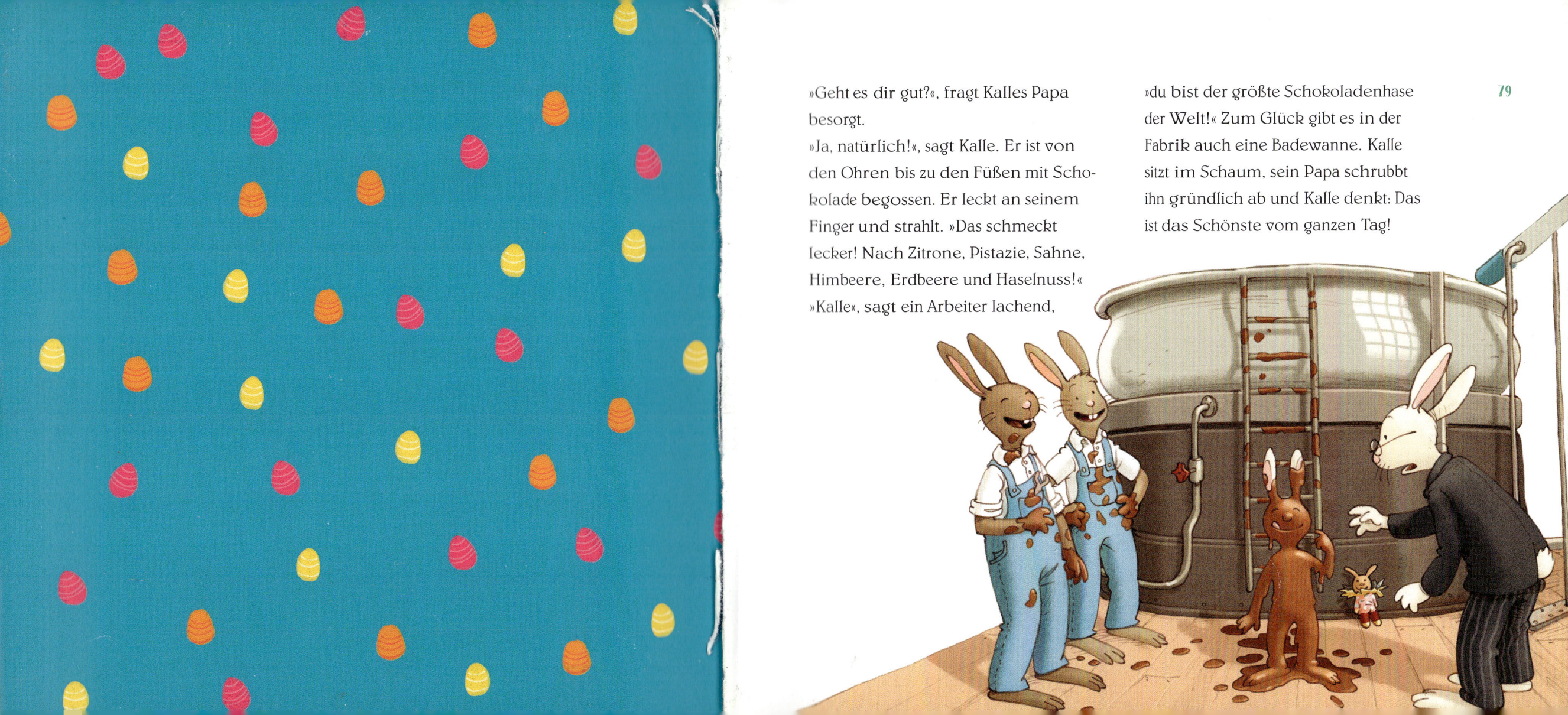

»Geht es dir gut?«, fragt Kalles Papa besorgt.

»Ja, natürlich!«, sagt Kalle. Er ist von den Ohren bis zu den Füßen mit Schokolade begossen. Er leckt an seinem Finger und strahlt. »Das schmeckt lecker! Nach Zitrone, Pistazie, Sahne, Himbeere, Erdbeere und Haselnuss!«

»Kalle«, sagt ein Arbeiter lachend, »du bist der größte Schokoladenhase der Welt!« Zum Glück gibt es in der Fabrik auch eine Badewanne. Kalle sitzt im Schaum, sein Papa schrubbt ihn gründlich ab und Kalle denkt: Das ist das Schönste vom ganzen Tag!

Ostermorgen

Ein Gedicht von Lilli L'Arronge, illustriert von Cornelia Haas

Du mit den Ohren da im Grase,
bist du der echte Osterhase?
Hast du was für mich versteckt?
Ich hoff, ich hab dich nicht erschreckt?

Da, wo die Schneeglöckchen stehn,
kann ich bunt was blitzen sehn.
Schnell renn ich hin und unterm Flieder
bück ich mich im Moose nieder.

Und tatsächlich, welch ein Glück,
Ostereier, fünfzehn Stück!
Zucker, Schoko, Marzipan –
Das schönste hat 'ne Schleife dran.
Was für eine Eierpracht
hast du Häschen mir gebracht!

Damit du auch nach dieser Last
am Abend was zu mümmeln hast,
leg ich dir ein Möhrchen hin,
weil ich dir so dankbar bin.

»Geht es dir gut?«, fragt Kalles Papa besorgt.

»Ja, natürlich!«, sagt Kalle. Er ist von den Ohren bis zu den Füßen mit Schokolade begossen. Er leckt an seinem Finger und strahlt. »Das schmeckt lecker! Nach Zitrone, Pistazie, Sahne, Himbeere, Erdbeere und Haselnuss!«

»Kalle«, sagt ein Arbeiter lachend,

»du bist der größte Schokoladenhase der Welt!« Zum Glück gibt es in der Fabrik auch eine Badewanne. Kalle sitzt im Schaum, sein Papa schrubbt ihn gründlich ab und Kalle denkt: Das ist das Schönste vom ganzen Tag!

Ostermorgen

Ein Gedicht von Lilli L'Arronge, illustriert von Cornelia Haas

Du mit den Ohren da im Grase,
bist du der echte Osterhase?
Hast du was für mich versteckt?
Ich hoff, ich hab dich nicht erschreckt?

Da, wo die Schneeglöckchen stehn,
kann ich bunt was blitzen sehn.
Schnell renn ich hin und unterm Flieder
bück ich mich im Moose nieder.

Und tatsächlich, welch ein Glück,
Ostereier, fünfzehn Stück!
Zucker, Schoko, Marzipan –
Das schönste hat 'ne Schleife dran.
Was für eine Eierpracht
hast du Häschen mir gebracht!

Damit du auch nach dieser Last
am Abend was zu mümmeln hast,
leg ich dir ein Möhrchen hin,
weil ich dir so dankbar bin.